Ich liebe dich

GROH

Du bist die Sonne in meinem Leben.

Seit du an meiner Seite bist, ist alles noch ein bisschen heller, bunter und aufregender. Wie sehr ich dich liebe und was ich mir für uns beide wünsche, das will ich dir mit diesem Buch sagen.

LOVE IS MAGIC

DU BIST

wunderbar

einzigartig

unersetzlich

ALLES, WORAUF LIEBE WARTET, IST DIE GELEGENHEIT.
Miguel de Cervantes

Weißt du noch? Unser erstes Treffen? Unser erster inniger Kuss? Unsere erste gemeinsame Nacht? Unser erster Urlaub? Lass uns noch viele solche ersten Male miteinander erleben – Erfahrungen, die untrennbar mit unserer Liebe verbunden sind.

Der schönste Ort der Welt
ist in deinen Armen.

Hand in Hand mit dir die Welt entdecken, Seite an Seite mit dir Neues schaffen, einander den Rücken stärken, in den Armen liegen und gemeinsam in die Zukunft schauen - das ist meine Vision für uns.

When you seek love
with all your heart,
you shall find its echoes
in the universe.
Dschelal ed-Din Rumi

Im Rhythmus einer unhörbaren Melodie bewegen wir uns durch den Alltag. Wir sind ein eingespieltes Team, perfekt aufeinander abgestimmt, wie zwei Instrumente in einem Orchester. So soll es sein!

LIEBE IST
IMMER EIN FÜR- UND
MITEINANDER.
Ernst Ferstl

ICH WÜNSCHE UNS

Nachsicht

Rücksicht

Weitsicht

Auch wir haben Reibungspunkte. Kleinigkeiten, die uns aneinander nerven. Themen, bei denen immer wieder unsere Toleranz gefordert ist. Danke, dass wir unsere Meinungsverschiedenheiten respektvoll miteinander klären können.

Je besser
ich dich kennenlerne,
desto mehr liebe ich dich.

Lass uns einander Zeit schenken.

Zeit für Entspannung. Zeit, um uns nahe zu sein. Zeiten der Stille, in denen wir einander in die Tiefen unserer Herzen sehen und einfach nur spüren, wie viel wir uns bedeuten.

NICHTS VERBINDET ZWEI MENSCHEN SO SEHR WIE GEMEINSAMES LACHEN.

B.G.

ICH WÜNSCHE UNS

Leichtigkeit
Lachen
Spontanität

Dass wir zusammenhalten, auch dann, wenn es mal nicht so einfach ist, das ist mein Wunsch für uns. Denn daran, dass wir Schwierigkeiten *gemeinsam meistern*, zeigt sich, wie stark unsere Liebe sein kann.

Traurigkeit aushalten,
Lebensmut behalten,
Liebe festhalten.
Angela Schramm

ICH WÜNSCHE UNS

Umarmungen

Küsse

Zärtlichkeit

Immer einen Funken *Leidenschaft*, aus dem jederzeit ein großes Feuer entstehen kann, das uns über den Moment hinaus auch in der Erinnerung noch wärmt und lächeln lässt – das wäre wunderbar!

Was ich uns auch wünsche: Mut. Mut für ehrliche Gespräche, auch wenn sie unangenehm sind, *Mut,* unsere Gedanken und Wünsche offen zu äußern. Mut, uns verletzlich zu zeigen.

JEDE WELT
WIRD GRÖSSER,
WENN MAN SIE
MITEINANDER
TEILT.

Kirsten Schwert

ICH WÜNSCHE UNS

Neugier
Wachstum
Entwicklung

Liebe heißt aneinander,
heißt miteinander
wachsen.

Patrice Jeancourt

Lass uns einander *Halt geben,* ohne uns einzuengen, lass uns gegenseitig Freiheiten schenken, ohne Vertrauen zu verlieren. Lass uns Verständnis füreinander haben – auch ohne verstehen zu müssen.

ICH WÜNSCHE UNS

Zusammenhalt

Zukunft

Glück

ECHTE LIEBESGESCHICHTEN GEHEN NIE ZU ENDE.

Marie von Ebner-Eschenbach

Und wenn wir beide eines Tages alt und grau sind, dann wünsche ich mir, dass wir Seite an Seite auf einer Parkbank sitzen: Gemeinsam genießen wir den *Sonnenschein,* schauen zurück auf unser ereignisreiches Leben und unsere Liebe, die uns durch all die Jahre hin-durch getragen hat und trägt.

Du bist nicht,
was ich gesucht habe.
Du bist so viel mehr.
Ich liebe dich!

Idee und Konzept: GROH Verlag.

Textnachweis: Wir danken allen Autoren bzw. deren Erben, die uns freundlicherweise die Erlaubnis zum Abdruck von Texten erteilt haben, sowie Herrn Ernst Ferstl für seinen Text: www.gedanken.at.

Bildnachweis: Cover: stock.adobe.com/Stanislav; S. 2: stock.adobe.com/olezzo; S. 4: stock.adobe.com/Lukas Gojda; S. 6: Getty Images/iStock/FG Trade; S. 8: Getty Images/indeed; S. 11: stock.adobe.com/sek_gt; S. 12: stock.adobe.com/sborisov; S. 14: Getty Images/Moment/Catherine Falls Commercial; S. 16: Getty Images/iStock/aapsky; S. 19: stock.adobe.com/maxwellmonty; S. 20: stock.adobe.com/Thaut Images; S. 22: Shutterstock/VERONIKA Neiman; S. 24: Getty Images/Moment/Peter Zelei Images; S. 26: stock.adobe.com/tong2530; S. 28: stock.adobe.com/nataba; S. 30: Getty Images/Westend61; S. 33: Getty Images/Assembly; S. 34: stock.adobe.com/Maija; S. 36: stock.adobe.com/lola1960; S. 38: stock.adobe.com/Subbotina Anna; S. 41: stock.adobe.com/sewcream; S. 42: Getty Images/DigitalVision/Jacobs Stock Photography Ltd; S. 44: Getty Images/Moment/Nico De Pasquale Photography; S. 46: Getty Images/iStock/Vladimir Nikulin.

Layout: Barbara Fuchs   Satz: Peter Ball, Media Diversified GmbH

Aus Verantwortung für die Umwelt hat sich die Verlagsgruppe Droemer Knaur zu einer nachhaltigen Buchproduktion verpflichtet. Der bewusste Umgang mit unseren Ressourcen, der Schutz unseres Klimas und der Natur gehören zu unseren obersten Unternehmenszielen.

Gemeinsam mit unseren Partnern und Lieferanten setzen wir uns für eine klimaneutrale Buchproduktion ein, die den Erwerb von Klimazertifikaten zur Kompensation des CO_2-Ausstoßes einschließt.

Weitere Informationen finden Sie unter:
www.klimaneutralerverlag.de

Ich liebe dich
ISBN 978-3-8485-2442-6

www.groh.de

FSC www.fsc.org MIX Papier aus verantwortungsvollen Quellen FSC® C008457

1 2 3 4 5

ZWEISAMKEIT 1000 KÜSSE

LIEBE

GEBORGENHEIT

HERZENS WÜNSCHE

Hab dich lieb

Emotionen SCHENKEN

Geschenke sollen von Herzen kommen. Warum also nicht mal dem Partner eine Freude bereiten – mit Worten, Bildern und ganz viel Emotionen? Es gibt schließlich kaum einen Menschen, den wir besser kennen. Somit ist jedes Geschenk auch irgendwie ein kleiner Liebesbeweis. Zum Beispiel dieses Buch, mit viel Liebe gestaltet und ausgewählt. Wir hoffen, dass es sein Ziel getroffen hat: mitten ins Herz…

Ihr Groh Team